# ツンドラの記憶

エスキモーに伝わる古事《ふること》

八木 清

編著・写真

閑人堂

「私の些細な誤りが一つ残らず息を潜め、騒ぎを引き起こしたりしませんように……」

# 目次

本書では「エスキモー」という呼称を、カラーリット（グリーンランド）、イヌイット（カナダ）、イヌピアット（アラスカ西部・北部）、ユピート（アラスカ南西部）の総称として用いている。また「イヌイット」はカナダのイヌイットを指す場合もあるし、カラーリット、カナダ・イヌイット、アラスカのイヌピアットらの総称として使う場合もある。彼らはイヌクティトゥット語（イヌイット語）を話す同じ民族であるが、地域により自称が異なるのが実情である。ユピートはイヌクティトゥット語と同じプロト・エスキモー語を源流とする言語を話す民族だが、ユピート語とイヌイット語のあいだで相互理解（会話）は成り立たない。また、アラスカでは「エスキモー」という呼称が一般的に使われている。

# ツンドラの記憶

# 序

広大な海の岸辺が縁取るわが故郷。ここには未踏の領域が残されている。

そしてこの地は、あなたの想像も及ばぬような秘めごとを、その懐に抱いているのだ。

ここで私たちは、二つの異なる生活を営んでいる。夏には暖かな太陽の光のもとで、そして
冬には酷悪な北風に吹かれて。

しかしながら、闇と寒さこそが、じつに私たちを想像の世界へといざなうのである。

長い闇の帳《とばり》がこの地を覆うとき、隠されていた多くのことが立ち現れ、私たちの思考は複雑怪奇な旅に漂い出るのだ。

# ノウサギが世界に光を灯した話

はじめは、地上に光がなかった。

大地も見えず、生き物の姿も見えず、すべてが闇に包まれていたのだ。

それでも、世界には人や動物が暮らしていたが、彼らのあいだに違いはなかった。人間が動物になったり、動物が人間になったりするような、混沌たるありようだった。オオカミや、クマや、キツネがいたが、彼らは人間になったとたんに、みな同じ姿になってしまったのである。習性は異なれど、彼らには共通した言葉があり、同じような家に住み、同じように話し、同じように狩りをしていた。


原初の時代、このようにして、みなこの世界に生きていた。いまとなっては、誰にも理解できない時代である。それは、魔法の言葉が生まれた時代だった。ふと口にした言葉が、突如として魔力を持ち、望んだことが本当に起きたりもした。だが、なぜそうなるのか、誰にも説明できなかった。

あるときは人間だったり、またあるときは動物だったりして、生き物に区別がなく、みなが乱れ合うように生きていた時代にあったキツネとノウサギの話が、いまに伝えられている。

「闇よ、闇よ、暗闇よ」と、キツネが言った。

人間の貯蔵所へ忍び込むには、暗闇の中が好都合であるからだった。

「光よ、光よ、昼の光よ」と、ノウサギが言った。

草を食べる場所をさがすには、日の光が必要だったからだ。

すると、突然ノウサギの願いが叶ったのである。ノウサギの放った言葉には、最も強い魔法の力が秘められていたからだった。

昼が夜にとって代わり、夜が去ると、昼が再び訪れた。

光と闇が、代わる代わるやって来るようになったのだ。

# シロクマたちの会話を聞いた女

その昔、夫に腹を立てて家を飛び出した女がいた。アマウト[＊1]の中に赤ん坊を背負った女はひたすら歩いたあげく、誰もいないイグルー[＊2]にたどり着いた。それは人が暮らすような普通のイグルーだったので、女は中へ入った。住人らは狩りに出かけていて留守だったのである。彼らは人間の姿をしたシロクマたちで、このときから女の補助霊[＊3]になったのであった。

暮れ方になり、シロクマたちが帰ってくると、女はアウリサック[＊4]の裏側へ隠れた。シロクマは優れた狩人であるから、その大きくて立派なイグルーの中は、隅から隅まで美しいアザラシの毛皮で覆われていたのである。住人たちが、まさにシロクマがするように獲物の脂肪だけに食らいついて食事をしているあいだ、隠れている女に彼らの会話が聞こえてきた。

その家の住人は、老夫婦と、その息子たちだった。末っ子は若くて未熟者で、どこかそんな態度を漂わせていた。彼は、人間が氷上でおこなうアザラシ猟（海氷にできたアザラシの呼吸穴から獲物を狙う）について話していて、こんなことを語ったのだった。

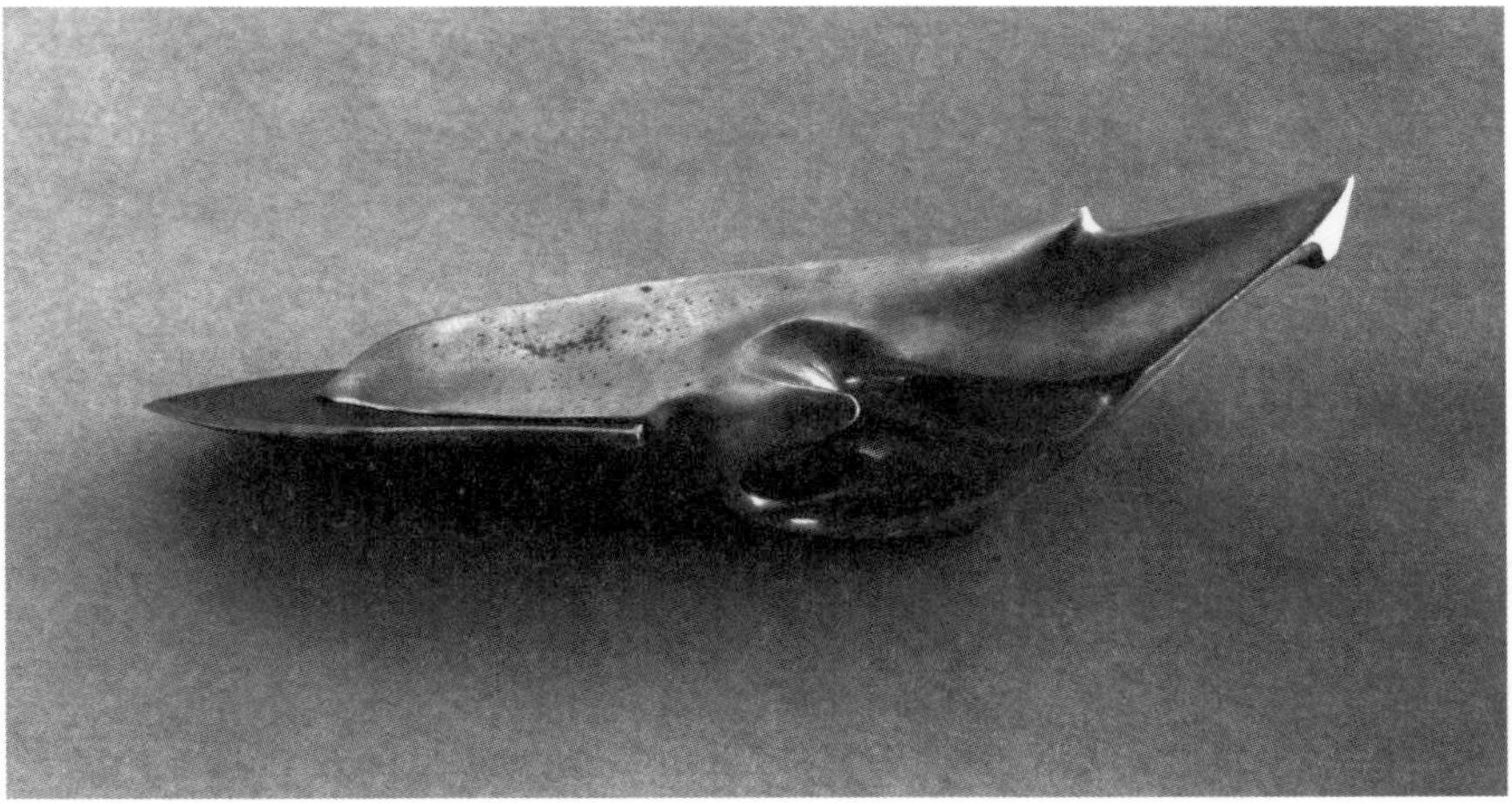

「アノ脛骨《ケイコツ》ノ容姿ヲシタ輩《ヤカラ》ハ、ヒドク貧弱ナ下半身ヲシテイル。我ハ、思ワズ奴ラヲ叩キノメシタクナルノダ」

すると、彼の両親は、次のように忠告したのだった。

「脛骨ノ容姿ヲシタ輩ト争ウコトハ、ソウ簡単デハナイゾ。輩ハ狩猟道具ヲ持ッテイルウエニ、助ケトナル犬ヲ連レテイルノダ」

シロクマたちの会話は、こんなふうに聞こえたのだった。女には、このようにしか理解のしようがなかったのである。

老夫婦は興奮気味の末っ子に落ち着くように諭したが、無駄であった。シロクマたちは食事をすませると床についた。

翌日になると、やはり末っ子は人間狩りに出掛けたのであった。未熟な彼が両親の忠告を聞くようなことはなかったのである。そして日が暮れたが、親グマたちは、いたずらに息子の帰りを待つだけであった。そう、彼が帰ってくることはなかったのである。末っ子は人間たちを襲おうとしたものの、逆に殺されてしまったのだ。

そして殺されたシロクマが帰ってきたのは、四日後のことであった。そのとき、彼の身体を覆う体毛には、一つの銛頭《もりがしら》がぶら下っていたのだった。彼は人間を襲うことは危険だと学び、経験したすべてを家族に語ったのであった。

若いシロクマは、二本足で歩き回る痩せた脛骨の容姿をした輩を襲おうとしたのである。ところが、彼らが犬たちをけしかけるや、シロクマは怖くなって逃げ出したのであった。しかし、犬たちはシロクマよりも足が速くて、息が切れることもなかった。シロクマが息をついたり、火照った体を癒すために雪を食べようとしたときに犬たちは追いつき、シロクマの尻尾に噛み付いてきた。犬が尻尾に噛み付くや、まったく奇妙なことに膝の力が抜けてシロクマはへたり込んでしまい、逃げようという気力がすっかり萎えてしまったのである。そうしているあいだに、脛骨の容姿をした輩が追いついて来た。

彼らが棒のようなものをシロクマに向けると、シロクマは体の中が焼け付くような感覚をおぼえた。すると気が遠くなって、ただただ雪の上に体を投げ出したのであった。脛骨の容姿をした輩が取り囲むなか、シロクマは逃げようとやっとのことで立ち上がったのだが、また犬たちが尻尾に噛み付いてきたので再び座り込んでしまった。もういちど人間たちが棒を向けると、シロクマはえも言われぬほどくたびれて倒れてしまい、意識を失った。

このようにして若いシロクマが仕留められると、人間たちは当然のように彼のために物忌みを執りおこなった。四日のあいだ、シロクマの魂は猟師の家の中でたくさんの豪華な供物に囲まれながら、休息をとったのだ。それからシロクマは自由の身となり、豊かな経験と、それまで見くびっていた脛骨の容姿をした輩への大きな敬意を抱きながら、家路につくことができたのである。

女は無事にシロクマたちのイグルーから逃げ出し、彼女が体験したことを村人たちに語って聞かせた。殺《あや》めたシロクマの魂が適切な物忌みを受けることが、いかに大切であるのか、このようにして人々はその拠り所を学んだのである。

生における至上の物、それが魂なのだから。

＊1……赤ん坊を入れて背負うための大きなフードが付いた、女性用の外套。
＊2……イヌイット語で「家」。話の季節が冬であることから、雪のブロックをドーム状に積み上げて造った家であろう。なお、雪のイグルーを造る風習があったのは、カナダ北極圏中央部からグリーンランド北西部あたりの地域である。
＊3……原文では「ヘルピング・スピリッツ（Helping Spirits）」。補助霊は、シャーマンを守護したり、祈祷や呪術をする際に助けたりする霊または精霊である。また森羅万象を見通す力を与えてくれたという。補助霊の種類は多様で、そのシャーマンの亡くなった両親の霊であったり、動物霊、太陽や月の精霊、カジカやサメの精霊、まだ生きている飼い犬であることさえあった。人間の意志で補助霊を選ぶことはできず、あくまで補助霊が「誰に憑くか」を決定するとされていた。補助霊の到来に怯んだり怖れたりすると、その獲得の機会を一切失うことになった。
＊4……雪で造られたイグルーの内側を覆うための、アザラシの毛皮の壁掛け。

# カアツィルニ

過ぎ去りし時代、私たちは毎年秋になるとその年の猟で捕ったクジラのために、盛大な鎮魂祭を開きました。祭りは男たちが作った新しい歌で幕が切って落とされたのです。それがしきたりだったのです。クジラの魂は真新しい詞によって呼び出されるからです。それゆえ、その巨大な獲物への敬意を抱きながら、男たちや女たちが歌い踊るとき、決して使い古された歌を用いることはなかったのです。

その賛歌の詞を作るときは、すべての灯りを消しておくことが慣わしとなっていました。闇と静けさがその場を支配し、男たちを邪魔したり、気を散らしたりするものはありません。老いも若きも、やっと言葉を話せるくらいの小さな子供でさえも、すべての男たちが深い静けさと闇のなかで、一緒に座って考えたのです。

私たちがカアツィルニと呼んだものは、この静謐さのことだったのです。それは〝何かの炸裂を待つ〟という意味です。みなが麗しいことだけに思いを巡らせるあいだ、この静けさの中で歌は生まれてくるのだと、私たちの先祖たちは信じていたのです。

歌は心の中で具体化してくると、海の深みから浮き上がる泡のように立ち昇ってきます。まさに、弾けんとして空気を求め浮上する泡のように。神聖な歌とは、このようにして作られるのです！

秋は荒ぶる北風に吹かれて到来する
その容赦なき凄まじい力の前に
あらゆるものが屈服する。
カヤックを転覆せんと牙を剝く海
ああ、俺は震え、震える
風と海が深みへ
海底の冷たい粘土《ねばつち》へ
俺を沈めんと迫り来る。
稀に見る凪いだ海
海原に弄《もてあそ》ばれ
俺は震え、震える
飢えたカモメが
俺の屍を啄《ついば》むその刹那に。

# 魔法の言葉

昔、人々が暗闇に生きていた時代に光をもたらしたのが言葉、つまり魔法の言葉（erinaliut）であった。

魔法の言葉、魔法の歌、魔法の祈りは、シャーマンの特別な言葉や、日常では使われなくなった古い言葉、あるいは古い歌の断片である。それらのほとんどは、一聴すると無意味と思われるような、取りとめのない言葉の寄せ集めである。かつて動物が人間の言葉を話すことができた時代、それらを最初に口にした者たちの神秘的な閃きが、言葉に宿る力を引き出したのであろうか？

魔法の言葉は、大気の精霊や、猟師が仕留めた獲物の魂、故人の魂などに向けられる。それには病気を治したり、吹雪を静めたり、獲物が捕まってしまうように作用する力が秘められている。

魔法の言葉や歌は、語りかける対象や目的に応じて、夜明け前の、まだ誰も床を踏んでいない家の中や、人の歩く道から離れた足跡のない場所で口ずさんだり、歌ったりされる。魔法の

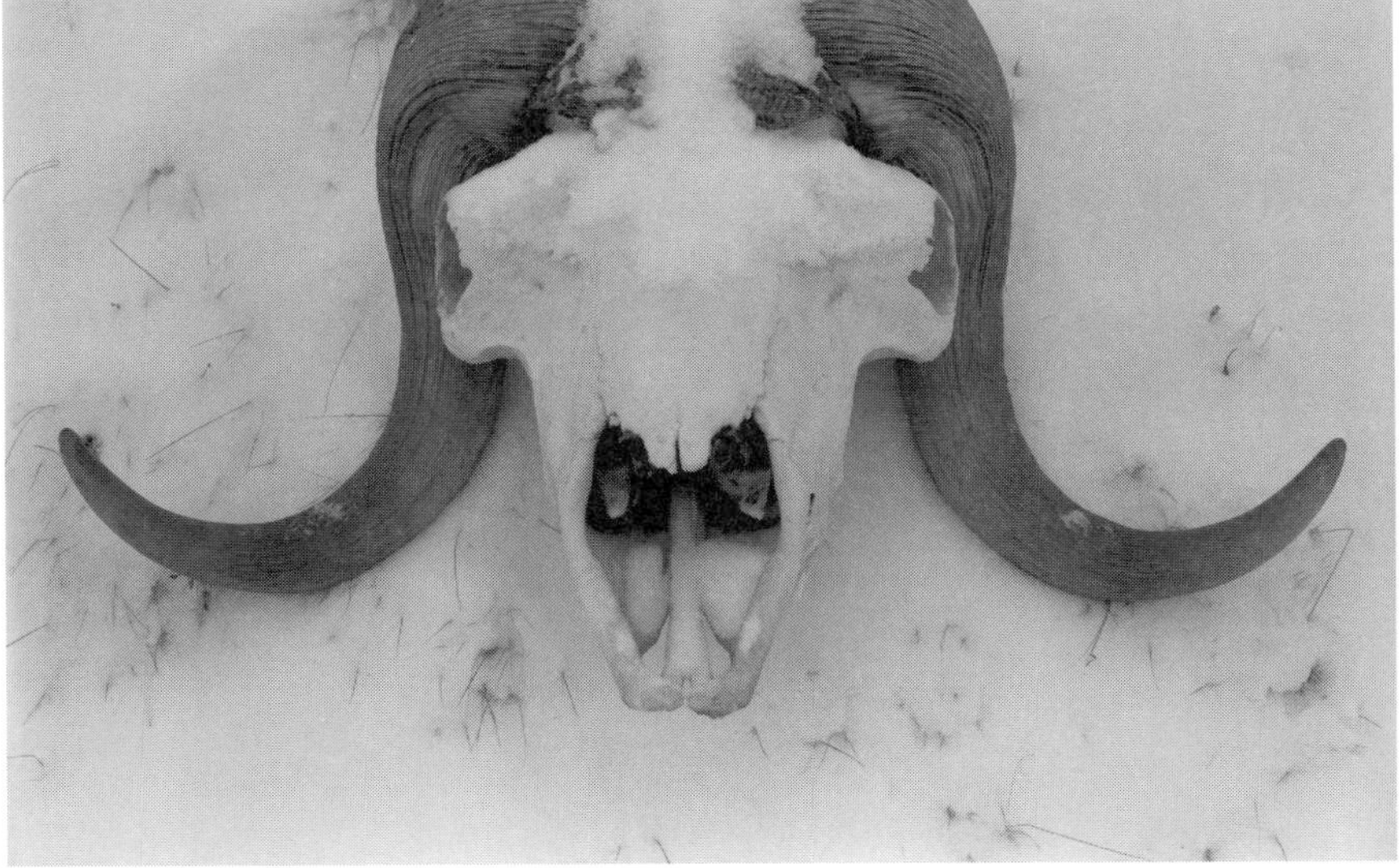

歌には独自の旋律を持つものがあるが、それはつねにとても単調なもので、ゆっくりと歌われる。それに対してほかの魔法の言葉は、たんに小声で囁かれるだけだが、はっきりと、何度も繰り返される。魔法の言葉を唱える日には、どんな動物の内臓も食べてはならない。また、魔法の言葉を唱えるときは、男は頭を、女は頭から顔までを頭巾で覆わなければならない。

　魔法の言葉は世代を超えて受け継がれながら、エスキモーたちの記憶に残されてきた。魔法の言葉は、高値で買われたり、命の際にある者から遺産として他者へ伝えられたりもした。しかし、魔法の言葉はその持ち主以外に知られてはならず、その掟が破られた場合には効力を失ったのであった。

大地よ、大地
大いなる大地よ
大地の上を巡り廻る
骨、骨、骨がある
大いなるシラ[＊1]に晒《さら》された
天気、太陽、大気に晒されて
すべての肉叢《ししむら》は消え去らん
ヒ、ヒ、ヒ。

精霊、精霊、精霊よ
そして光、日の光よ
手足に行きわたれ
涸《から》びぬように
骨に変わらぬように
ウヴァイ、ウヴァイ、ウヴァイ。

〔唱えた者に強力な活力を与えた魔法の言葉〕

ワタリガラスの羽ばたきの如く
すみやかに安らぎから起き上がる
今日という日を迎えるために
立ち上がる
ワ、ワ。
暁を見つめんと
夜の闇から面輪《おもわ》を上げれば
まさに空が白々と明けゆく。

〔生まれて初めて旅に出る子供のために唱えられた魔法の言葉〕

恥を思い　怖れと迷いを覚える。
祖母《ばば》は我を差し向けた
狩りへと差し向けた。
我は遣いの途上
貴い獣《しし》を追い
貴いキツネを追う。
しかし　悲しい哉！
我は、怖れと、迷いの中にあり。
恥を思い　怖れと迷いを覚える。
曽祖母《ひばば》と祖母は
我を狩りに差し向けた。
嫗《おうな》らの遣いと成り
貴い獣を追い
貴いトナカイを追う。
しかし　悲しい哉！
恥を思い　怖れと迷いを覚える。

〔初めて訪れた土地で狩猟をするときに唱えられた魔法の言葉〕

進め、進め
橇《そり》よ、滑走するもの、旅の道具よ！
滑らかになれ、お前のふくよかな頬よ
易々と走れるように！

〔生命に関わる危機が迫る状況で、重い荷物を載せた犬橇が思うように進まぬときに歌われた魔法の歌〕

父もなく、母も持たぬお前
ああ、愛しき　幼い孤児よ
トナカイの毛皮で作られた、カミック[*2]を授け給え。
恵みをもたらし給え
旨い血のスープをもたらす獣を
大地にはいない、海の深みに棲まう獣を。
ああ、幼い孤児よ
恵みをもたらし給え。

〔冬のあいだ燃料となる動物の脂肪が乏しくなったとき、猟の成功を願って狩人が唱えた魔法の言葉。夜明け間際に繰り返し唱えると獲物を得られたという〕

洸洋たる海原に漂う
行く河の流れに揺蕩《たゆた》う水草のように
海が我を揺らす。
大地と大いなる天象よ
我をいざない
陶酔の彼方へ運び去れば
我が群肝《むらぎも》は歓喜に慄《おのの》く。

〔ウヴァヴヌクという女のシャーマンが流れ星に打たれた後、
自ら口ずさむようになったという魔法の歌〕

＊1……イヌイット語で「外」「気象」「大気」「世界」。また、天候をつかさどる〈大気の精霊〉の呼称でもある。
＊2……イヌイット語で「履物」。

# 海獣の母、海の精霊ヌリアユク

その昔、シャーマン湾にあるキンメルトックの集落を後にした人々がいた。彼らは海を渡ろうと、カヤックをつなぎ合わせて筏《いかだ》を作った。そして大所帯の彼らは、あらたな狩場へと急いでいたのだが、筏には十分な広さがなかった。

その村にはヌリアユクという名の少女がいた。彼女は、ほかの少年少女たちと一緒に筏に飛び乗ったのだが、誰からも相手にされず身寄りもなかったために、人々は彼女を捕らえて海の中へ放り込んだのだった。

ヌリアユクは筏の縁につかまろうとしたが無駄だった。人々は彼女の指を切り落としてしまったのである。ところが何ということだろう！　彼女が海の底へ沈んでゆくと、切り落とされた指が水中で生き返り、筏のまわりをアザラシのように、ゆらりゆらりと泳ぎだした。これがアザラシの由来なのである。しかし、ヌリアユク自身は海底に沈んでしまった。切り落とされた彼女の指からアザラシが生まれたゆえに、彼女はそこで海の精霊となり、海獣たちの生みの親となったのである。そしてまた、人々が狩猟する陸の獣たちも含めた、あらゆる生き物の女王となったのである。
こうして彼女は、自分を蔑み海に投げ捨てた人間に対して大きな力を手にしたのだった。彼女はすべての精霊のなかで最も恐れられ、無敵で、ほかの何よりも人間の運命を左右する存在となった。このような理由から、ほとんどすべての禁忌が彼女に向けられているのである。だがそれは、太陽が低くて極寒の風が地上に吹き荒れる暗黒の季節に限られたことなのだ。それは、生きることが最も危険にさらされるからである。

ヌリアユクの住み処は海の底にある。海底にも地上と同じような土地があり、ヌリアユクは人間の家と同じように造られた住まいにいるのだ。ヌリアユクは誰からも遠く離れて暮らしているが、人間を懲らしめんとするときは癇癪を抑えきれなくなり、誰の手にも負えないような力を発揮する。彼女は万物を見通しているゆえに、どんな些細な禁忌の違反にも気付くのである。人々が禁忌を守らず彼女に無配慮で振る舞っていると、あらゆる動物が彼女のランプの下に敷いてある「イナウット」という受け皿の中に隠されてしまうのだ。動物がその中に隠されているあいだは、海には狩りをする動物がいなくなり、人々は飢えるしかないのである。そこでシャーマンは補助霊[*1]を呼び寄せたり、再び穏やかになるように呪文を唱えて彼女を呼び出したりするのだ。

あるシャーマンたちは屋内でトランス状態になり、降霊をおこなったり呪文を使ったりして、人々のために補助霊の力を駆使するが、一方でほかのシャーマンたちは自らヌリアユクのもと

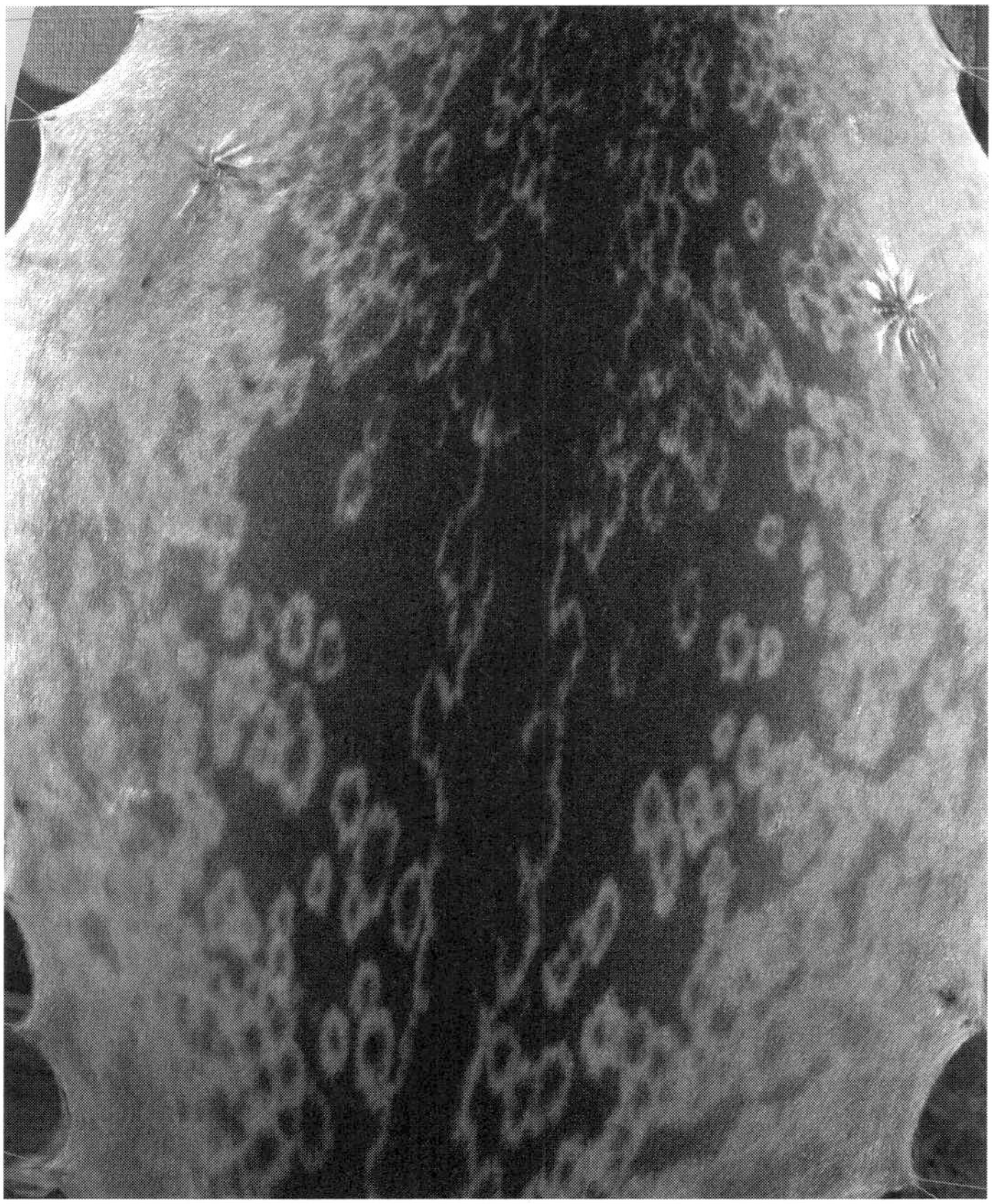

へ駆けつけて戦い、打ち勝ち、そして彼女の怒りを鎮める。しかしなかには、ヌリアユクを地上へ引きずり上げるシャーマンもいる。

彼らはこのようにするのである。まず、アザラシの皮で作ったロープに鉤針《かぎ》を固く結びつけ、ヌリアユクの家の戸口へ投げる。すると、補助霊たちが鉤針を彼女にしっかりと引っ掛けるので、シャーマンは彼女を回廊まで引きずり出す。そこまで出て来ると、彼女の喚き声が誰にでも聞こえるようになってくる。しかし、回廊から居間へ戻る入り口は、ウヴクアック（雪のブロック）で塞いでしまわなければならないのだが、ヌリアユクは家の中へ逃げ込み人々を生きた心地がしないほど怖がらせようとして、ウヴクアックを壊し続ける。だから彼女の住み処は凄まじい恐怖で包まれるのだ。しかしシャーマンは、ヌリアユクが家の中へ逃げ込まないように、ウヴクアックに注意を払っている。（地上に引き上げられた）ヌリアユクは、すべてのアザラシを再び海へ放つことを約束すれば、シャーマンによって鉤針が外されて自由の身となり、再び大海の底へ帰ることを許されるのである。

このように、一人の人間に過ぎないシャーマンが、言葉と補助霊の力を駆使することでヌリアユクを鎮め、人々を飢えと苦しみから救うことができるのだ。

ヌリアユクは家の中で、たくさんの恐ろしい者たちと共に暮らしている。家の入り口を入ったところには、「回廊の支配者」であるカタウム・イヌアがいて、地上の人間たちが犯したすべての禁忌を正確に憶えている。彼が見聞きしたことは、すべてヌリアユクに伝えられるのだ。そして、彼は彼女に会おうとやって来るシャーマンたちを、あらゆる手段を使って恐怖に陥れ、ヌリアユクを鎮めようとするねらいを挫こうとする。その長い回廊の中には大きな黒い犬がいて、それもまた、自らが恐れる最も偉大なシャーマンたち以外が家に入らぬように見張っているのだ。

ヌリアユクは、「翼のない者」または「両腕のない者」を意味する、イサラタイツォクという名の女と一緒に暮らしている。しかし、彼女がいったい何者であるのか誰も知らない。そして、彼女にはヌリアユクと同じ夫がいるのだが、それは一匹の小さなカジカ[*2]である。

ヌリアユクには、一緒に暮らす子供もいる。その幼女はウンガック（「子供のように泣き叫ぶ者」の意）という名で、それはかつて夫がアザラシ猟に出かけているあいだに眠っていた母親から拐われてきた赤ん坊なのである。

海の精霊ヌリアユクについて、私たちが知っていることはこれがすべてだ。彼女が人間にアザラシを授けてくれるのは本当なのだ。しかし、かつて地上で暮らしていたときに憐れみを寄せてくれなかった人間が滅んでしまうことを、彼女はむしろ望んでいるのである。

＊1……17頁を参照。
＊2……スズキ目カジカ科の魚で、沿岸部周辺から深海にまで生息する。

# 言葉を話すウミガラス

あるとき、グリーンランドの南部に住む男が、人間の言葉を話すウミガラス［＊1］がいるという噂を耳にした。そのウミガラスは北のどこかにいるそうなので、何人かの女たちを引き連れて男は北へ向けて旅立った。

一行は北へ北へとウミアック［＊2］を漕いで旅をした。ある村へたどり着くと、男は村人たちにこう尋ねた。

「言葉を話すというウミガラスを探しているのだが、知らないかね？」

「ここからもう三日ほど旅を続けてごらん。そうすれば見つかるよ」

一行は一晩だけ村に泊まると翌朝には出発した。そして、次に着いた村で言葉を話すウミガラスの居場所をたずねると、一人の村人がこう言った。

「そこへの行き方を知っているから、明日案内してあげよう」

翌朝起きると、案内を買って出た村人と男は一緒に出発したのだった。二艘《そう》のカヤックに乗

り込み、ひたすら漕ぎ続けると、ようやく海鳥が集まる岩壁が見えてきた。上陸してその麓に立って見上げてみれば、それは途方もなく巨大な海鳥のコロニーである。

「さて、言葉を話すウミガラスはどこにいるかな？」

南から来た男が言った。

「ここだ、ここにそのウミガラスの巣があるぞ」

案内人がそう言うと、南から来た男は固唾を呑んで、いまにもウミガラスが巣から現れぬかと用心深く構えた。すると、まさに人間の言葉を話すというウミガラスが出てきたのである。[＊3]

ウミガラスは崖の横手へ移ると、その体を精いっぱい長く伸ばすようにして、二艘のカヤックをじっと見下ろした。それから上体を起こして、まことに明瞭にこう言ったのである。

「思ウニアレハ、例ノ男ニ違イナカロウ。ウミガラスガ喋《シャベ》ルノヲ聞キニ、遠ク南ノ地カラヤッテ来タ男ダ」

すると南から来た男は、前のめりになって顔面から地面に突っ伏してしまった。案内人が抱き上げると男は死んでいたのだった。ウミガラスが喋るのを聞いて、怖ろしさのあまり死んでしまったのである。どうすることもできない案内人は、そのウミガラスの巣がある崖の麓に遺体を葬り、村へ帰った。そしてこの出来事を人々に語ったのであった。

死んだ男とともに南から旅して来た女たちは、男が埋葬された場所までウミアックで行き、そこで冬を越した。翌年の夏、故郷に帰る準備を整えたものの、女たちには長い旅に同伴して

もらえる男がいなかった。そこで独り者であった案内人の男は、道中で女たちに魚を捕ってやったりしながら南まで送り届けたのであった。故郷にたどり着いた頃には女たちはこの男のことをたいそう気に入り、北へ帰そうとはしなかった。そのようなわけで、男はそのうちのひとりの女を妻にしたのである。

その男の骨は今日もグリーンランドの南部に眠っているそうだ。

＊1……沿岸や島などの岩場で繁殖するチドリ目ウミスズメ科の海鳥。水中で羽ばたくように泳いで魚などを捕食する。
＊2……アゴヒゲアザラシの皮で作られた七、八人乗りのボート。
＊3……ウミガラスはガレ場や岩の裂け目の奥の空間に巣を作る。

# ふたつの漫《そぞ》ろ話

## キツネがオオカミにサケの捕り方を教える話

その昔、キツネとオオカミが冬の湖で出会った。

「サケというものは、どうやって捕まえるのだ?」

オオカミが、キツネにそう尋ねた。

「教えてあげよう」

キツネはそう言うと、氷の裂け目のあるところまでオオカミを連れて行った。

「尻尾をそこに突っ込むんだ、水の中にだよ」と、キツネは言った。

「それから、サケが食らいつくのを感じたら、グイッと引っ張りあげるんだ」

オオカミが言われたとおりに尻尾を氷の割れ目に入れていると、キツネは氷上を一目散に走り、山中にあるヤナギの茂みに身を潜めてオオカミの様子を見物した。

オオカミが水中に尻尾を入れてじっとしてるあいだに、じわりじわりと尻尾は凍りついていったのだが、騙されたことに気づくのが遅すぎた。堪らなくなったオオカミは尻尾をゴシゴシとこすり始めたのだが、やっと引き抜けたときには、尻尾は真ん中でブツンとちぎれてしまったのだった。

怒り狂ったオオカミは、キツネの足跡を嗅いで復讐のために追いかけた。しかし、キツネはオオカミがやって来るのを見ると、ヤナギの葉を引きちぎって目の前に日除けのようにかざすと、キラキラと瞬かせた。

やって来たオオカミは、こう尋ねた。

「俺の尻尾を台無しにしたキツネを見なかったか？」

「見てないよ」とキツネは答えた。

「近ごろ、僕は出かけることが多くて雪目になってしまってね、ほとんど何も見えないんだ」

そして、キツネはヤナギの葉を目の前にかざし、キラキラと光らせたのだった。キツネの言ったことを信じたオオカミは、別のキツネの足跡を追って、山を駆けて行った……。

——さて、この物語は、いったい何を伝えようとしているのかって？　とても奇妙な結末に思えるって？　俺たちは、ただ話が面白ければ、必ずしも物語に意味など求めないのさ。どんなことにも理屈や説明を欲しがるのは、白人たちだけだ。だから俺たちの年寄りは、自分の思い通りでないと駄々をこねる子供だと思って彼らと接しなさいと言うのさ。そうしないと、彼らは怒ったり、口やかましくなったりするからね。さて寝る前に、さらに意味などないが、俺たちが十分に面白いと思っている話を、もう一つしよう——

## 人間の爪で潰されたシラミの話

「項山《うなじ》へ登りに行くから、俺のミトンと斧を貸してくれ」

小さなシラミが、窓から女房に向かってそう叫んだ。しかし、女房はこう返事したのだった。

「あなた、家にいるほうがいいわよ。そうしないと、人間に食べられてしまうわ」

「食べられてしまっても、どうってことないさ。尻の穴からまた出て来ればいいだけだ。けれども、崖崩れにあって押し潰されてしまったら、おさらばだけどな」

小さなシラミは、人間の爪のことを〈山〉だと思い込んでおり、爪と爪のあいだに挟まれて潰されることを〝崖崩れで死んでしまうこと〟だと考えていたのだった。

そして小さなシラミは、もう二度と女房のもとに帰って来なかった。

# 孤児と大気の精霊

ある村に、誰からも相手にされない、ひとりの小さな孤児がいた。彼はもはや子供ではなかったのだが、体が成長することはなく、何年たっても村でいちばん小さな子供と変わらない大きさのままだった。

彼は小さなイグルーに住んでいたが、夕方になると、村人たちが捕まえた獲物から小さなアザラシの尻尾ばかりをねだり、それを持ち帰っていた。「あいつはアザラシの尻尾で何をしたいのだ？　一体そんなものが何の役に立つのだ？」と、みなあざ笑っていた。

あるときのこと、村から一人の女が姿を消した。女は跡形もなく消え、いくら探し回っても手がかりがつかめないでいた。人々が途方に暮れていると、例の小さな孤児が突然やって来て、こう言ったのである。

「僕に何かを知っているのか尋ねてみるのも、そう馬鹿げたことではないと思うけどね！」

人々はそれを聞くと、みな笑った。何の役にも立たぬアザラシの尻尾のことしか頭にない小人が、いったい何を言っているのか、と。

しかし、妻を失い、彼女を取り戻すためにあらゆる手を尽くしてきた夫は、小人に贈り物を与え、一緒に彼の小さなイグルーに向かったのだった。すると、そこには二人の老婆たちも住んでいることがわかった。孤児と同じくらい小さな二人の老婆たちは、孤児のことが気がかりで怯えているようでもあり、まったく不必要なほどにせわしなくランプの灯芯をいじり回したりして、立派な大人のように振る舞っている小人を見ようともしなかったのである。

小人はもはや子供ではなく、たいそうな大男のような仕草で手足や全身を動かして、あちこちを歩き回っていた。すると妻を失った男は、壁にたくさんのアザラシの尻尾が突き刺さり、一面に階段が巡らされていることに気が付いた。小人はこの階段でイグルーの壁を上り下りし、アザラシの尻尾を踏みしめて、まるで遙か遠くを眺めるような仕草で前方を見つめて、不意にこう言ったのである。

「あなたの奥さんが遠くに見えるよ。見知らぬ男と寝ているのが見える。彼女は目を覚まして、ブーツを履いているよ。横にいる男を起こさないようにしながら、服を着ている。家からこっそり抜け出そうとしている。いま、彼女がこちらへ向かって来るのが見える。やって来るぞ！　さあ、このイグルーの中へ入って来るぞ！」

彼がそう言い終わらぬうちに、行方知れずだった女がイグルーの中へ入って来たのだった。アザラシの尻尾の階段を上り下りしただけで、この小人がどうして謎を見抜くことができたのか、誰にも説明することができなかった。そして、アザラシの尻尾の上に立って空中を見つめ

るだけで、女を再び呼び戻すことができるなんて、彼がどんな魔法をアザラシの尻尾に掛けていたのか、誰にもわからなかった。

それから小人は、こう叫んだ。

「抱き合って接吻するのだ！　これから復讐にやってくる大気の精霊に備えて、できるだけ激しく接吻するのだ」

そして妻のほうを振り返り、こう言った。

「あなたが一緒にいたのは、大気の精霊だったのだ。彼は目覚めたら、すぐにあなたを連れ戻しに来るよ」

そこで男と妻が抱き合って接吻をすると、小人は再び、雪の壁に突き刺さったたくさんのアザラシの尻尾を、階段のようにして上り下りし始めたのだった。突然、彼は遠くを眺めるように凝視して、こう言った。

「あなたの間男が起き上がるのが見えるよ。彼はあなたに会いたがっている。服を着始めたぞ。外へ出た。やって来るぞ。さあ、ここだ！」

孤児がそう言い終わらぬうちに、イグルーの外では大気の精霊の気配がしたのだった。

「彼が入って来たら、すぐに抱き合って接吻をするのだ！」

大気の精霊が入って来ると、男と妻は抱き合って接吻をした。それから、小人が精霊に歩み寄ってその鼻っ柱に唾を吐きつけると、大気の精霊は倒れて死んでしまったのだった。

体が成長することもなく、誰からも軽蔑され、何の役にも立たぬアザラシの尻尾にしか興味を持たなかった小人が、誰も見つけることができなかった女を発見して、鼻っ柱に唾を吐きつけただけで大気の精霊を退治してしまったのだった。

# クヌークサユッカ

これは昔の話。

人里離れて暮らすひとりの男がいたそうだ。彼の名はクヌークサユッカといった。

その当時、北西の風が強く吹き荒れ、人々を寒さで死に至らしめていた。クヌークサユッカは、風が生み出されている地には何者かがいて、この風を吹かせているのだと思っていた。彼は支度をしてその正体を探りに行くこともあったが、どうしても見つけ出すことができずにいた。だが彼は「いつかこの風を起こしている者を突き止めることができれば、きっと人々のためになるだろう」と、思っていた。彼はそう考えていた。その何者かの正体を明らかにしたかったのだ。クヌークサユッカが風を吹かせている者を探し出せぬあいだにも、人々は凍え死んでいったのである。

再び北西の風が吹き始めると、クヌークサユッカは風の中へ向かって行った。

すると見よ！　彼方で何者かが、手斧で雪を刻んでいるではないか。雪が切り刻まれてほぐされるたびに、何も見えなくなるほどの猛吹雪が引き起こされている。そしてその人影は、つ

ねに地面低くしゃがみこんでいたのだった。

クヌークサユッカは、ようやくその男のところまでやって来ると、そいつの手斧を奪い取って走り出した。そして、男がクヌークサユッカを追いかけているあいだ、クヌークサユッカは岩に駆け寄っては手斧を打ち付けて刃を鈍らせたのだった。クヌークサユッカは刃を欠いてから、その手斧を持ち主に返したのである。すると男は「さて、探し物を取り戻したぞ」と、独りつぶやいた。

それ以来、北西の風は弱まり、多くの人々は救われたのである。風を弱めることができたクヌークサユッカは、満足したのであった。

＊

その後しばらくしてからのことだった。子供を連れた母トナカイが、突然クヌークサユッカのもとへ押しかけるや、頭巾を外してこう頼んだ[*1]。

「どうかこの子を助けてください」

彼女が言うには、外には親子を追いかけているオオカミがいるのであった。

「もし、この子を助けていただければ、あなたは生きているあいだ、食べ物に不自由することはないでしょう」

外からは男の声が聞こえてきて、その親子を差し出せば、クヌークサユッカは年に五匹のオオカミを捕ることができると言っている。

母トナカイと子供が疲れを癒すと、クヌークサユッカは彼女らに、ここを去るように言ったのだった。そして、トナカイたちは言われたとおりに立ち去ったのである。するとオオカミは、海に向かって再び彼女らを追いかけ始めた。

トナカイたちは浜辺まで来ると海に飛び込み、クジラになった。そして、どうしたものか困り果てたオオカミも海に飛び込み、シャチになった。それゆえに、陸であれ海であれ、トナカイやクジラには彼らを追いかける動物がいるのである。

それからクヌークサユッカは、毎年五匹のオオカミを捕らえるようになり、やがて裕福になった。しかし、トナカイを捕ることはだんだんと難しくなり、とうとうクヌークサユッカはトナカイを仕留めることができなくなってしまった。そのために彼は生き長らえることができず、飢えて死んでしまったのである。

トナカイはこのような顛末を迎えぬよう彼に警告したのであった。もしクヌークサユッカが二頭のトナカイを救っていれば、飢え死にすることはなかったであろう。[*2]

これで話はおしまい。

*1……エスキモーの物語の中では、動物が「頭巾を後ろに押しやる」と人間に変わったり、人間の言葉を話すことができるようになったりする。

*2……この話はアラスカ北極圏内陸部の山岳地帯に暮らすヌナミウト（「内陸の民」の意）に伝わるもので、トナカイは彼らにとって主食となる動物である。

# ナーック

その昔、ツンドラの大平原を行く男がいた。ここで男は、子供が地面に横たわっているのを見つけた。男はその子を殺してしまおうかと思ったのだが、子供はそのことに感づくと、声を上げてこう言ったのである。

「もし僕を殺したら、広大な天空シラが崩壊するよ（世界が滅びるよ）」

男はそんなことは信じようとせず、こう言った。

「ならば、向こうに見える大きな山を蹴飛ばしてみろ」

子供は何も言わずに片足を上げると、その足を蹴り出した。すると、あっという間に険しい山が跡形もなく崩れ落ちてしまったのだ。

この小さな生き物の途方もない力と強さを目の当たりにすると、男はやっとその言葉を信じて、一目散に逃げ去ったのだった。

ナーツクは、元々は巨人とその妻のあいだに生まれた子供であった。しかし、父親と母親が次々と殺されてしまったのである。無残にもその悪人は、殺した夫婦のそばにその子を置き去りにしたのだった。この悪行が子供を精霊へと変貌させたのである。その子は空へ舞い上がり、天気の支配者となったのであった。

ナーツクは、いつもトナカイの毛皮で作られた衣服を身にまとっている。それは、チュニックとズボンが一緒になったつなぎ服で、よく子供が着ているようなとてもゆったりとした服である。ナーツクが自分の服を揺さぶると、服の隙間から空気が吹き出して風となるのだ。この精霊が風を起こして人々が陸や海へ狩猟に出かけることができなくなると、シャーマンが空へ赴き、ナーツクが鎮まるまで彼を殴ったり、鞭で叩いたりして、ようやく嵐がおさまるのである。

あるとき、風の精霊が嵐を引き起こしたので、シャーマンがその精霊のもとまで行ったことがあった。のちにこのシャーマンは、そのときの様子を次のように語った。

精霊のいる所にたどり着くや、彼はその衣服を引き剝がし、体から血が流れるまで鞭で叩い

た。その後、天気も落ち着き、天候が回復したのだった。風の精霊は、ピシッ、ピシッと小気味よい音で鞭で打たれているあいだは、服をしっかり身にまとおうとするから風が止むのである。風が起きるのは、衣服がゆるみ、隙間があいているからなのだ。

風の精霊は、ほとんど人間のような顔をしている。しかしシャーマンによると、風の精霊にはクマのような非常に細かい体毛が生えているそうで、しかもこの毛は顔と手にしか生えていないという。

風の精霊とは、そんなものらしい。

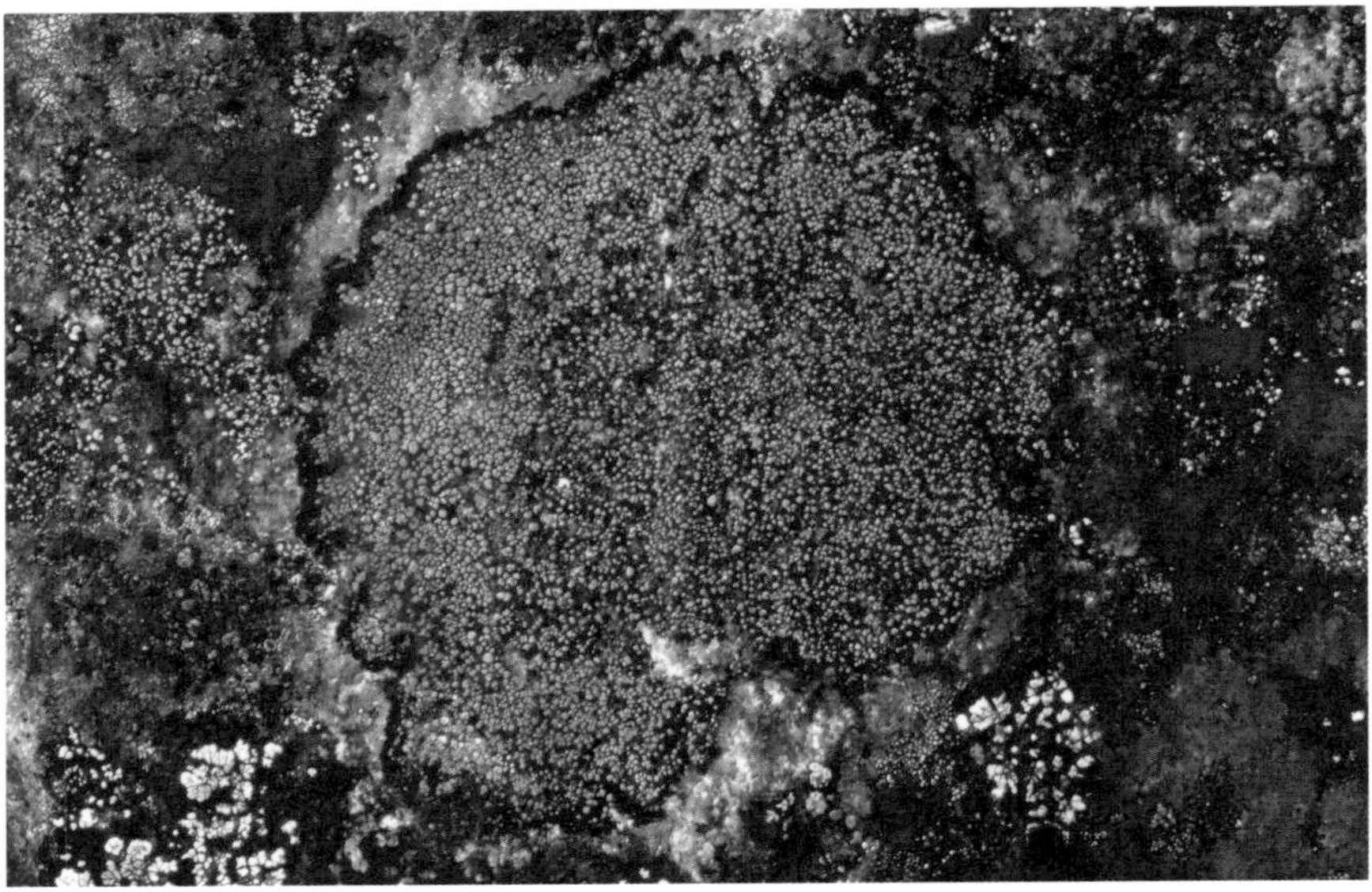

# 創世紀――ワタリガラスの話

まだこの世に人間が存在しなかった時代のことだ。

最初の人間は、四日のあいだハマエンドウ[*1]の鞘《さや》の中に渦巻き状になり、横になっていたのである。五日目になると、脚を伸ばして鞘を突き破って地面に落ち、そこで立ち上がった。男は辺りを見回し、手と腕を動かしてみた。首や足、そして自分自身を興味深く観察したのだった。男が見上げると、ハマエンドウの鞘がまだ蔓《つる》にぶら下がっていて、その下端に自分が抜け落ちた穴が開いているのが見える。そして再び辺りを見渡すと、最初の場所からどんどん遠ざかっているではないか。しかも、足元の地面が大きく波打ち、とても柔らかいようである。

しばらくすると、男は胃がおかしいように感じたので、足元にあった小さな水溜りから水を飲もうと身をかがめた。水が胃に流れ込むと気分が良くなった。再び顔を上げると、黒っぽい物体がゆらゆらと近づいてきて、手前まで来たところで地面に降り立ち、男を見つめた。

それは一羽のワタリガラスだった。

ワタリガラスが片方の翼を上げ、仮面を外すように嘴《くちばし》を頭のてっぺんまで押し上げると、あっという間に人間の姿に変身したのだった。

仮面を上げる前にも、ワタリガラスはその男をじろじろと見ていたのだが、人間に変わってからは、さらに良く見ようとして右へ左へと動き回り、男を観察したのだった。そして、とうとう口を開いてこう言ったのである。

「お前は何者だ？　どこから来た？　お前のような者は見たことがないぞ」

ワタリガラスはその人間を見て、この奇妙な新しい存在が自分の姿によく似ていることに、さらに驚いたのであった。

「ハマエンドウの鞘から出てきたのだ」

男はそう言って、自分が落ちてきたその植物を指さした。

「あっ！」ワタリガラスが声をあげた。

「俺があの蔓植物を作ったのだが、お前のようなものが生まれてくるとは思ってもみなかった。向こうに見える高台へ行こう。ここの地面が柔らかくて薄っぺらなのは、俺が最近になって作ったばかりだからだ。向こうの地面は厚くて固いのだ」

しばらくして、彼らは足元のしっかりとした高台に登ってきた。

「独りぼっちではひどく寂しかろう。お前に仲間を作ってやる」

ワタリガラスはそう言うと、ときおり男を見ながら、土で彼にそっくりな像を作り上げた。そして、たくさんの細い水草を頭の後ろに付けて髪の毛とし、それから乾かした像の上に翼を振りかざすと、美しい若い女が現れて男の横に立ったのだった。

このようにしてワタリガラスは数日間、鳥や、魚や、獣を作っては人間に見せて、それぞれの扱い方を教えてやったのである。このあとワタリガラスは空へ飛び去り、四日間留守にしてから、人間にサケを持ち帰ってきた。

ワタリガラスが辺りを見渡してみると、池や湖がひっそりしていて寂しいかぎりである。そこで、水面《みなも》を泳ぐたくさんの水生昆虫を作ったり、同じ土からビーバーやマスクラット[*2]を作ったりして、その周辺に棲まわせた。それから、蝿や蚊などの陸や水辺の虫が作り出されたのだが、それらは世界をにぎやかにするためのものだったのだ。当時、蚊はその習性がイエバエに似ていて、現在のように刺すことはなかったのである。

このあとワタリガラスは、人間が恐れるようなものを作らなければ、彼が作ったこの世の生き物がすべて滅ぼされてしまうだろうと思った。そして近くの小川に行き、そこでクマを作り出して命を吹き込んだ。クマが立ち上がって猛烈な勢いであたりを見回すと、ワタリガラスは素早く向こう岸に飛び移ったのだった。

それからワタリガラスは人間を呼び、「クマというものはとてもどう猛だから、ちょっかいを出すと八つ裂きにされてしまうぞ」と、そう彼らに告げたのだった。

〔抜粋〕

＊1……マメ科の植物で、海岸などの砂地に群生する。エンドウに似た実をつける。
＊2……北米に自然分布するネズミ科の動物。体長三〇センチほどに成長し、沼地などの水辺に生息する。鋭い前歯を持ち、雑食で水生植物や魚などを食べる。

# 俺たちは怖れているのだ

《クヌート・ラスムッセンとアウアの会話から[*1]》

リヨン湾の外れにあるアウア[*2]のイグルーを訪れ、数人のイヌイットたちと、しばらくのあいだ過ごしたときのことだった。数日間、私たちは、何が許され何が禁止されているのかといった、日常の取り決めや禁忌について、長く詳細な言及に至ることなく話をしていた。みな、どんな状況下では何をすべきかということを正確に知っていたのだが、私が「なぜ?」と問うと、誰も答えることはできなかった。彼らの信仰についての説明だけでなく、その根拠を私が尋ねてくることに、穏やかにではあったが、彼らは不服な態度を示していた。私のすべての質問は、さらなる答えを彼らから引き出すように、あえて仕向けたものだったが、私の詮索的な態度に興奮してしまっては、無論その意図は理解されることはなかった。

ここでは首長であるアウアも私の質問に窮していたのだが、我慢ならなくなったのか、彼は突然立ち上がり、外へ出るようにと私を促したのだった。

この日は珍しく荒れた天気だった。しかし、ここ数日間の狩猟の成果で私たちには食料の肉は十分にあったので、アウアや彼の仲間たちに屋内で私の調査への協力を頼んでいたのだった。この時季の短い昼の光はすでに退き、午後の微明に包まれた風景だったが、月明かりのおかげでまだ遠くを見渡すことができた。真っ白なちぎれ雲が空を駆け足で流れ、突風が吹き荒れれば、舞い上がる雪で目も口も開けていられない状態になる。

アウアは私の顔を見つめ、風で雪が激しく舞う彼方の氷原を指差してこう言った。

「申し分のない狩りをして、幸せに暮らすためには、私たちは穏やかな天候に恵まれなければならない。だが、なぜこのように吹雪が続くのだ？　なぜ、自分自身や自分の大切な家族のために食料を得なければならない男たちが、いわれのない苦難を受けるのだ？　なぜ？　なぜだ？」

私たちが外に出たとき、海氷上のアザラシの呼吸穴の様子をうかがいに出かけていた猟師たちが、ちょうど帰って来るところだった。彼らは小さな集団で、強風の中をうつむいて重い足取りで歩いていたが、あまりの風の激しさに何度も立ち止まっていた。誰もアザラシを捕まえた者はなく、一日の苦しい努力と忍耐は徒労に終わっていた。

アウアの「なぜ？」に答えることはできず、私は無言で頭を振るだけだった。

それから私は、近くにあるクブロのイグルーへ連れて行かれた。いまにも消え入りそうな灯火が、小さなランプの中に揺らめき、暖をとれるような状態ではなかった。寝台の上では毛皮にくるまった二、三人の子供たちが震えている。

アウアは再び私を見て言った。

「なぜこの家は、こうも寒々しく、わびしさの中にあるのだ？　クブロは丸一日をかけて狩りに出ていた。もし彼の払った努力のとおりに報いがあれば、妻は爛々と輝くランプの灯火のかたわらで微笑み、明日の燃料の心配をしなくて済んだはずだ。暖かさの中で明るい幸せに満たされ、子供たちも毛皮から這い出して生を謳歌できただろうに。だが、そうならないのは、なぜだ？　なぜなのだ？」

私には何も答えられなかった。そして私は、彼の姉であるナツェックが独りで住む小さなイグルーへ連れて行かれた。彼女は病に伏しており、私たちが訪れたことを気にかけられないほど、やつれ果てていた。この数日間、彼女は肺の底から込み上げてくるようなひどい咳に苦しめられており、余命いくばくもないように見えた。

三度目に、アウアは私を見てこう言ったのだった。

「なぜ人間は病み、痛みに苦しまなくてはならないのだ？　私たちはみな病を怖れているのだ。ここに私の老いた姉がいる。みなが知る限り、彼女は何も悪さをしたことなどない。彼女は長い人生をまっとうし、健康な子供たちを生み育ててきた。しかし、彼女はこうして苦しみながら最期の時を待っている。なぜだ？　なぜなのだ？」

こうしてアウアは話を終え、私たちはイグルーに戻ってから中断していた議論を、ほかの仲間を交えて再開したのだった。

「ごらん」

アウアは言った。

「なぜ生というものがそう在るのか、私が尋ねても、あなたにもその理由を答えることはできない。だが、それは当然なのだ。私たちの慣わしというものは、すべてが〈生〉に由来し、かつ〈生〉に立ち還ってゆくものなのだ。だから、私たちは説明にも、信仰にも頼らないのだ。だが、あなたのすべての問いに対する私たちの答えは、たったいま見せた光景の中にあるのだ」

「私たちは、この世の天象をつかさどる精霊を怖れているのだ。大地や海から獲物を勝ち取るために立ち向かわなければならぬ精霊だ。シラが怖ろしいのだ」

「俺たちは、寒いイグルーのなかで飢えることが怖ろしいのだ」

「私たちは、深海に棲まう、あらゆる海獣を意のままにする海の女王、タカナカプサルク[＊3]を怖れているのだ」

「日々、身の回りにある病が怖ろしいのだ。俺たちが怖れているのは〈死〉ではなく〈苦しみ〉なのだ。仲間に危害を与えようと企む邪悪なシャーマンに加担する、大気や、海や、大地の精霊たちが怖ろしいのだ」

「私たちは、亡者や、殺めた獲物の魂が怖ろしいのだ」

「だから私たちの先祖は、経験と知恵に基づいた生きるうえでの古い約束事を、世代を超えて受け継いできたのだ。『どうしてそうなったのか?』とか、『なぜ?』などということは、私たちにはわからない。だが、安心して暮らせるように、私たちはその掟を守っているだけなのだ。そして、シャーマンがいるにもかかわらず、浅識な私たちは、あらゆる未知なるものに対

して怖れを抱いている。私たちの眼に映るものや、そうでないもの、先祖から伝わる物語や古《ふる》事《こと》すべてを怖れているのだ。それゆえに私たちには、私たち自身の慣わしがあるのだ。それは、ここから遠く離れた土地に暮らし、別の理《ことわり》を必要とするあなたたち白人の慣わしとは異なるものなのだ」

これがアウアの説明であった。彼はいつもながら考えが明瞭であり、表現力も卓越していた。それから彼は沈黙し、私がすぐに会話を再開しなかったので、彼の弟のイヴァルアージュク[＊4]がこの話題を引き継いで語った。

「生における最大の悲運は、人間の糧はすべて魂から成り立っているという事実にあるのだ」

「俺たちが殺して食べなければならない生き物、衣服を作るために撃ち殺さなければならない生き物は、みな俺たちと同じように魂を持っている。肉体と共に消えることがない魂だ。だから、肉体が奪われたことの復讐から逃れるために、俺たちはその怒りを鎮めなければならないのだ」

「昔は現在よりも、もっと過酷な状況だった。すべてがいまよりも困難で、したがって私たちのしきたりもより厳しいものだった。当時は弓と矢だけで狩猟をし、白人の銃器などまったく知らなかったのだ。その頃は生きてゆくことが遙かに難しかったから、しばしば十分な食料が手に入らないこともあった。トナカイは、水辺まで追い込んで川や湖を泳がせれば、容易にカヤックから狩ることができる。だが、思い通りの方向へトナカイを走らせることは難しく、だからトナカイが渡る岸辺周辺では、とても厳しい禁忌が定められていたのだ。女たちはそこでの仕事を禁じられ、動物の骨を折ったり、その脳みそや骨髄を食べたりすることが禁じられていた。そのような行為はトナカイの魂を侮辱することであり、死や大災難をもって報いを受けたのだ」

＊1……この章は、第五次チューレ探検隊を率いるラスムッセンが、一九二二年にカナダ北極圏のメルヴィル半島の南に位置するリヨン湾周辺で、現地イヌイットの慣習や禁忌に関した調査をしていたときの一場面である。

＊2……この地域の首長でありシャーマンで、ラスムッセンの主たる情報提供者でもあった。

＊3……この地域のイヌイットにとってヌリアユク（34頁）に相当する海の精霊。

＊4……「イヴァルアージュクの歌」（88頁）の人物。

# トナカイの魂の怒りに触れ大地に飲み込まれた女

あるとき、トナカイが川を泳いで渡ることの多い岸辺で、女たちが野営をしていた。彼女らは、狩りに出かけている夫たちの帰りをそこで待つことになっていたのだった。しかし、いくら待っても男たちは戻って来ず、十分な食べ物もなくなってしまった。

飢え死にしそうだった彼女らは生き延びるために、以前そこで仕留めた動物の骨を集めて煮込み、その骨髄を食べたのだった。こうして餓死を免れたのだが、このとき〝川の浅瀬で決して動物の骨を折ってはならない〟という厳しい掟を破ってしまったのである。

男たちが狩りからようやく戻ってきたのは、だいぶ日が経ってからだった。獲物を捕らえた者もあれば、報われない者もあった。すると、何も捕れずに戻ったうちの一人の男が自分の妻に、彼の兄のところへ身を寄せるようにと言った。男の仲間たちは、我々には十分な肉があって喜んで食べさせてあげるから、ここに留まるようにと女を説得したのだが、彼女は夫の言うとおりに義兄のところへ旅立ったのだった。彼女は義兄の住むところにたどり着き、彼の家で一緒に暮らした。

ある日のこと、義兄の妻が、彼女の夫のカミック[＊1]を縫うあいだ子供をアマウト[＊2]に入れて背負い、子守をしてほしいと女に頼んだ。女は子供を連れて出かけ、家からそう遠くない小さな谷の中で腰を下ろしていた。すると突然、大地が彼女たちの真上で閉ざされて、外に出られなくなってしまったのだった。女と子供の姿が見えなくなったので人々が探しに出ると、二人は大地に飲み込まれてしまったことがわかった。

そして、子供の泣き声とともに、次のような女の歌声が聞こえてきたのである。

泣くな、幼子
縫い物が終われば
あなたの母さんが迎えに来るよ。
夫に怯える私は
もとの住み処には帰れない
あなたの父母のもとへなら、喜んで帰りましょう
ともに暮らすことを、望んでくれていますから。
でも、私は夫に怯え
もとの住み処には帰れない
私は客人《まろうど》として生きる身
客人として老いてゆく身なのです

だから、決して私の家に帰ることはないでしょう。

女は神聖な場所で禁忌を犯したために、このようにして非業の死を遂げたのである。強力なトナカイの魂が、彼女の命を奪ったのであった。

＊1……32頁を参照。
＊2……17頁を参照。

# イヴァルアージュクの歌

たとえば、人は自分の在り方をより良いものにして、運命の冷酷さを和らげることができるものさ。俺はもう孤独を感じることはなく、穏やかな余生を過ごしているよ。

もっとも、昔を偲び、当時の記憶を思い出してみれば、肉はいつも血が滴って柔らかく、狩人にとって素早すぎて手を出せない獲物などない時代だった。若さとはそういうものなのだろう。あの頃は、毎日が新しいことの始まりのようで、夜は翌日の朝日の燃えるような輝きの中で幕を閉じていたものさ。

いま俺が最後の拠り所としているのは、昔話と歌だけだ。かつて、饗宴の場で仲間たちと歌で競い合って歓喜していた頃に、自分で歌っていた歌だよ。

寒さと蚊の大群
この二つの厄介ものは

決して共にはやって来ない。
氷の上に寝そべった
雪と氷の上に寝そべった
歯がガチガチ鳴り出すまで。
それは、俺なのさ
アヤ、アヤ、ヤ。

思い出は
あの日のまま
あの頃のままに
蚊の大群も
あの頃のまま。
凍てつく寒さだ
氷原の真っ只中で手足を伸ばせば
意識が遠のいてゆく。
それは、俺なのさ
アヤ、アヤ、ヤ。

アイ！　歌よ
力を呼び寄せろ
そして俺は、言葉を探し求めるのさ
俺、アヤ、アヤ、ヤ。

アイ！　俺は探し求めるのさ
何を歌ってやろうかと
堂々たる角を持った、トナカイを！

そして俺は、力の限り投げたのさ
投槍《とうそう》[＊1]器に槍を取り付けて（いけ！）
すると俺の凶器が、雄鹿に命中したのさ
股間に命中したのさ
痛手を負って震えていたよ
崩れ落ち
最期の息を引き取るまで。

アイ！　歌よ

力を呼び寄せろ
そして俺は、言葉を追い求めるのさ
それは、俺なのさ
アヤ、アヤ、ハヤ、ハヤ。

＊1……投げ槍の威力や射程距離をテコの原理で増幅させる狩猟道具。細長い板または棒のような形状をしており、片手に握った投槍器の末端に槍の石突を引っかけて放つ。

# アヤグマヒャヒャ

彼が生きていたのは、遠い昔だそうだ。

あるとき、彼は人間を作ることにした。「よし、いくらか人間を作ってみよう」、そんなふうに考えたのさ。

ところが、できあがった人間のひとりは不埒《ふらち》なうえに邪悪で、他人の妻と不貞をはたらいたり、人殺しをしたりと手のつけられない厄介者で、どうしようもない奴だった。

アヤグマヒャヒャと彼の女房はその人間と話をしたのだが、反抗的で耳を貸そうともしなかった。仕方がないので、アヤグマヒャヒャはその人間を殺したのだ。ところが、奴は生き返ってしまった。不死身だったのさ。

人間たちは増え続け、一匹の大きな白い犬を飼いはじめた。彼らが仕事をしたり、どこかへ行ったりするときに、その大きな白い犬は、人々や荷物を載せた橇を易々と引いたのさ。橇に何を積み込もうがへっちゃらだった。ところが、あの厄介者は絶対に橇に乗りたがらなかったのだ。代わりに橇の横に並んで走ったほどで、雪が深くなろうが、奴はおかまいなしだった。

アヤグマヒャヒャは、彼の民にキヴギック[*1]を開いてほしいと思い、ほかの地域に住む人々を招くために、二人の男を使者として送り出した。そして、アラトナ川[*2]で野営しながら、たくさんの食料を調達するように人々に言い渡した。彼の民は優れた狩人だったからだ。

一方でアヤグマヒャヒャは、宴で使う灯火の燃料となるクジラの脂肪を手に入れるために、バロー[*3]へ向かった。彼は以前からバローの人々が脂肪を持っていることを知っていたのだ。アヤグマヒャヒャは、内陸に住む彼の民が宴のために灯火を必要としているから、脂肪を分けてくれと頼んだ。食べ物については、充分に蓄えがあったのさ。アヤグマヒャヒャはこう言ったんだ。

「もし脂肪があれば、いくらか分けてほしい。もし分けてもらえれば、その見返りにあなたたちに陸の動物を授けよう」

バローの人々は彼の言葉を信じて、一人一人の持分から脂肪を分け与えた。脂肪を受け取るとアヤグマヒャヒャは、翌朝に動物を呼び寄せるから弓矢を用意しておくようにと、村人たちに言った。次の日、彼は準備を整えた村人たちに、小川のほとりに陣取るよう指示をしたのだ。みなが位置につくと「もし矢を使い果たした者がいても『矢が尽きてしまった！』と言ってはならないぞ」、そうアヤグマヒャヒャは言った。そうして、彼は動物を呼び寄せたのさ。

すると、内陸方面からトナカイの群れが見えてきた。猟師たちはトナカイがかなり近づいたときに矢を射ったが、トナカイが怯えることはまったくなかった。トナカイの群れが過ぎ去る

と、次はオオカミたちの姿が見えてきた。トナカイと同じように、オオカミも猟師たちを怖がることはなかった。しばらく狩りは続いたが、一人の男が「ああ！　矢が終わっちまった！」と言うや否や、たちまちオオカミの群れは途絶えてしまった。こうして猟は終わってしまったのさ。

　アヤグマヒャヒャは、クジラの脂肪を背負子にくくりつけ、帰路についた。彼が戻ると、人々はキヴギックを開いた。彼らの犬は、コバック川[＊4]を通ってゴロヴィン[＊5]まで人々を引っ張って行けるほど力があったのだ。アヤグマヒャヒャの教えにより、それ以来キヴギックを開くことが慣わしとなったのさ。

　その後、アヤグマヒャヒャは「人々がこれを見れば、私のことを思い出すだろう」と言って、自分の手袋をまっすぐに立てて置き、その地を去って行ったんだ。アラトナ川流域にはいまも、〈古い手袋〉と呼ばれる鋭く切り立った岩山が残っている。

＊1……現代では「メッセンジャーフィースト」とも呼ばれる村祭り。冬季、ほかの村々から人々を招いて行われる大饗宴で、普段は離れて暮らしている親類縁者同士の大切な交流の場ともなる。

＊2……アラスカ北極圏内陸部中央を流れる、全長約三〇〇キロの川。アヤグマヒャヒャの手袋が由来のアリゲッチ針峰群がこの流域にそびえ立つ。

＊3……北極海に面した村で、人々はおもに海洋動物を狩猟して生活している。

＊4……アラスカ北極圏北西部を流れ、コツェビュー湾に注ぐ全長約四五〇キロの川。古来ヌナミウトたちが漁猟を営んできた。また、内陸部に住む人々と海沿いに住む人々をつなぐ重要な交通路でもある。

＊5……アラスカ西部スワード半島の南にあるイヌピアットの村。ここで話者が伝えようとしていることは、「キヴギックが開かれるので凍結したコバック川の上を移動してゴロヴィンまで行ったが、例の白い大きな犬は人々を乗せた橇を引いて行くほど力があった」ということだろう。実際にゴロヴィンに行くにはコバック川流域からさらに二〇〇キロ以上もの道のりを南下せねばならないので、途方もない力の犬であったということだ。

# あとがきにかえて

アラスカ南西部には、ユーコン川とカスコクウィム川の二つの大河に挟まれた、ユーコン・カスコクウィム・デルタと呼ばれる広大な湿地帯が広がる。半年以上のあいだ冬のモノトーンの世界に沈むこの一帯も、春には無数の渡り鳥が飛来し、一斉に生命力で沸き立つ。白夜を迎えた空には、昼夜を問わずV字型に編隊を組んだカナダヅルや、カナダガン、ケワタガモなどが舞い、どこか憂いを帯びた鳴き声が原野に響きわたる。

そしてこのデルタ地帯には有史以前から、ユピートやアサバスカンなどの先住民族が暮らしてきた。約一万五〇〇〇年前の氷期にユーラシア大陸と北米大陸は地続きで、ここはユーラシア大陸側からモンゴロイドが渡ってきた際の玄関口だったと考えられている。現在のアラスカという限定された地域に、三〇近くもの異なる先住民族が暮らしているのはその名残と言われている。

私が初めてエスキモーの村を訪れたのは、五月も半ばに差し掛かり、ツンドラを吹き抜ける風にもようやく春の温もりを感じられるようになった季節のことであった。数日前に大学を卒業したばかりの私は、人口三〇〇人にも満たない、ニュートック[*1]というユピートの村を訪ねた。

この村と外界を繋ぐのは、週に数回だけ郵便物などの物資や乗客を運ぶ小型のプロペラ機だ。その他の手段といえば、冬季はスノーモービル、初夏から秋のあいだはボートで河川を行き来する。村人たちの生活は漁猟で成り立っており、渡り鳥やクマ、トナカイ、ヘラジカなどを狩り、サケ類やカワカマスなどを川で捕る。また夏といえば、ベーリング海でニシン漁やサケ漁に勤しんで現金収入を得る大切な時季でもある。

同じアラスカ州であっても、狩猟や漁業を中心にまわる彼らの暮らしには、アンカレッジやフェアバンクスといった都市部とは明らかに異なる時間が流れていた。広大なツンドラ地帯に囲まれたこの小さな村が隔絶された場所と感じられたことが、つい昨日のことのように思い出される。

滞在中は、村人たちの渡り鳥猟やエッグ・ハンティング（卵の採集）に同行したり、村の様子を写真に撮ったりした。日本からの珍客を見物に訪れる、好奇心旺盛な子供や大人たちを相手にコーヒーを飲んだりする日々が、ゆったりと流れていった。

そんなある日のこと、私は友人から昼食に誘われた。そこには、海峡を隔てたヌニヴァク島から来た男がいた。ヌニヴァク島はベーリング海に囲まれた孤島であり、本土のユピートとはまた異なる独自の文化がかつて栄えたところである。生涯をかけてアメリカ先住民の撮影をしたことで知られる、写真家のエドワード・S・カーティスも訪れている。

私は、学生時代にどこかの博物館が出版した本で見た、ヌニヴァク島の祭祀で使われたという、顔の半分が人間でもう半分がキツネという不気味な古い面のことを思い出し、男に何気なくその由来について尋ねてみた。

すると、彼はこんな話をしてくれたのだった。

「それは、ヌニヴァク島に白人たちがやって来るよりも、遥か昔のことだ。冬の日に、ある若者が狩りに出かけて、雪原に獲物を探し求めていたんだ。すると、彼方にカヤックを押す三人の人影が見えた。しかし、みな頭からすっぽりと防寒着の頭巾をかぶっているので顔が見えず、誰だかわからない。若者はそいつらのもとへと向かうことにした。ところが、その三人は若者に気が付くや、そのままカヤックを押しながら逃げ出したんだ。いぶかしく思った若者が向かっていくうちに、二人はカヤックをあきらめて逃げてしまったが、残る一人に追いついた。『おい、どうして逃げるんだ?』そいつが振り返ると、若者は息を呑んだ。その顔は、半分が人間で、半分はキツネだった。しかも人間の顔は、すでに亡くなったはずの叔父だったのだ。彼はここで何をやっていたのか聞いてみた。すると、そいつは置き去りになっていたカヤックの中からマクタック(皮下脂肪がついたクジラの皮)を取り出して、それを食べていたのだと言う。『冬なのにクジラがいるのか?』と尋ねると、島のとある海岸の崖の下に、クジラが打ち上げられていると言う。若者は村に帰ったあと人々にこのことを話し、みなでその場所へ行ってみた。すると、そこにはたしかに打ち上げられたクジラが横たわっていた。そしてクジラの体には、ほんの少しキツネに食われた痕が残っていたのだ……」

そして、男は最後にこう付け加えた。

「これはおとぎ話ではなく、本当にあった出来事なんだ。俺たちの歴史なんだよ」

尊い教えや、戒めが込められたようでもないこの短い物語は、薄気味悪さを帯びながらもどこか詩的な趣を漂わせ、雪原で起きたという出来事を、ありありと想起させた。友人を含めてほかの男たちも、別段口を挟んだりからかうようなこともなく、男が最後に加えた言葉もごく当たり前のことであるような雰囲気が、その場を支配した。

ヌニヴァク島の男が語ったその奇妙な物語が、本当に起きた出来事として認識され、荒涼としたツンドラと広大なベーリング海に宿る精霊たちの息吹のなかで、現在もユピートは生きているのである。その世界では、さまざまな生き物や精霊たちが、原初の頃より共に在るものとして了解されているのだ。そして、男が最後に加えた〈俺たちの歴史〉とは、人々のあいだで分かち合われている〈心の絆〉と受け取ることもできよう。一人の旅人でしかない私に向けて、まっすぐに投げかけられたその言葉には、伝統的な暮らしと西洋社会のはざまで生きる者が抱く葛藤が、織り込まれているようにも感じられたのだった。

窓越しに、村を疾走していくスノーモービルの爆音が聞こえてくる。しかし、その向こうに広がる、この小さな村を取り巻く極北の原野が、何やらざわめき立つような不可思議な気配を覚えた。一見手付かずの風景だが、そこには有史以前から続く人間の暮らしがあり、多くの語られざる歴史が秘められていることに、改めて気付かされた瞬間だった。

エスキモーの伝承には、世界の始まりや、人間と生き物の関係、そして魂や、自然界に遍在する精霊たちにまつわる話が多い。そんな伝承のなかには、抽象的で難解なものもあれば、取りとめのないような物語があったりもする。しかし、それらさまざまな話を俯瞰的に眺めてみると、一つ一つの物語が、大きな宇宙を構成する小さな星々のようにさえ感じられてくる。そして、そこに原初の時代の息吹がかすかに感じられるのは、あるがままの世界の姿（「混沌」という言い方もできるかもしれない）を、人間的なものへ還元しようと奮闘する古《いにしえ》の人々の息づかいが、いまだ宿っているからなのだろう。

彼らの伝承によると、世界の始まりは「人と動物のあいだに区別はなく、人間が動物になったり、動物が人間になったりするような混沌たるありようだった」とされている。あらゆる自然物、たとえば石ころや、海岸に打ち上げられた流木にさえも魂があり、ある種の〈人間性〉とか〈人間的な意識〉を備えていると考えられている。その魂は「イヌア」（イヌイット語）、または「ユア」（ユピート語）と呼ばれる。イヌアは、生命の根源的な力ともされ、その力によって万物は相互的に繋がれて、一つの壮大な連環のうちに調和していると考えられている。

イヌアが宿る存在として、あらゆる生き物は対等なのである。しかし、人は生きていくうえで、自分たちと同じ境遇にある生き物を殺して糧としなければならない。そこで、エスキモーは命を捧げてくれる生き物の魂を鎮めるために、狩猟や日常生活において、さまざまな慣わしや禁忌（タブー）を、経験をとおして見出してきた。禁忌を破った者の前には、獲物は再び姿を現してくれなかったり、災いがもたらされたりすると考えていたのである。

捕らえた獲物を自らの手で解体し、それを食べる。自然の掟に服し、その懐に抱かれて生きる人々の物語には、生と同等に死も内包されている。現在ならば「おとぎ話」とか「迷信」という言葉で片付けられてしまうような伝承であっても、そこには合理的なものの見方では決して語れぬであろう、狩猟民と生き物、そして自然界との深奥な繋がりが示されているのだ。

そんな数多の物語が共同体のなかで共有され、彼らの精神と文化を形作ってきたのである。それは言い換えれば「言葉が世界を創造する」ということでもあろう。たびたびエスキモーの物語のなかで触れられる〈言葉の力〉というものを、彼らは身体感覚をとおして感じ取っていたのではないだろうか。

かつてアラスカのヌニヴァク島のユピートの語り部たちは、物語の終わりを次のような言葉で締めくくっていたという。

「私の些細な誤りが一つ残らず息を潜め、騒ぎを引き起こしたりしませんように……」

この言葉には「言霊」という神秘的な力への信仰が表されているだけではなく、「誤った歴史を伝えてはならない」という、語り部としての真情が示唆されているようにも思える。

もともと「神話」という日本語は、日本の近代化の過程で「myth」という外来語に対応して作り出された語であり、そこには「根拠のない話」という意味も包含されている。そのような理由からも、本書では「昔にあった事柄」という本来的な意味を持つ「古事＝ふること」（ユピート語での同義語は univkaraq）という言葉を、あえて用いたのである。

本書に収録した話は、デンマークの探検家であり人類学者であったクヌート・ラスムッセンの著作から主に選んだ。[*2] ラスムッセンは牧師であったデンマーク人の父と、デンマーク人とカラーリット（グリーンランドのイヌイット）の混血の母を持ち、一八七九年にグリーンランド西部のイルリサットに生まれた。幼少の頃から犬橇の操作や狩猟になじみ、イヌイット語にも堪能であった彼は、調査で訪れた先々のイヌイットたちからしばしば「ホワイト・エスキモー」（白人のエスキモー）と呼ばれるほどの信頼を獲得することで、より踏み込んだ記録を残した。

ラスムッセンは一九一〇年、グリーンランド北西部のヨーク岬に「チューレ」（Thule：古代ギリシャなどの文献で言及される最北の地）と名付けた交易所を設け、そこを拠点にして地理学的、民族学的調

クヌート・ラスムッセン（1879～1933）

査（第一次～第七次チューレ探検）を遂行したのだった。とくに一九二一年から二四年までの約三年間にわたり、犬橇で移動しながらカナダとアラスカに暮らすエスキモーを調査した第五次チューレ探検は、ラスムッセンの最大の功績とされている。食料を狩猟で調達しながらの遠征はまさに身命を賭した大冒険でもあり、カナダ北極圏での調査中は一五か月間も外界との接触が完全に断たれていたために、デンマーク本国では隊員らの生存が絶望視されていたという。だがその成果は、その後のエスキモーに関するあらゆる研究の実質的な基礎を築いたと言われている。

現在、世界中で多くの少数民族の言語が存亡の危機に直面している。アラスカやカナダでも過去におこなわれた同化政策の影響で、英語で生まれ育った世代と、母語しか理解できない年配者たちとのあいだで会話が成り立たないという事態が起きてきた。おそらく今世紀中に、グリーンランドを除く多くの地域ではエスキモー語を話せる人々はいなくなるだろう。つまりそれは、彼らの〈世界〉でもあり独自の〈文化の核〉を創造してきた言語が、消滅するということでもある。また、世界的な気候変動が問題となっている昨今、極地の自然との精妙なバランスの上に成り立ってきた彼らの狩猟生活にも、その影響が及んできている。

今後、どのように彼らの社会が変化していき、彼らがどのような選択をしていくのかは、わからない。だが、その大地と海に根ざした生を送る限り、彼らの古事は、生きた歴史として過去から現在へと生起する。そして、いま在る者たちの生きざまのなかに、来たる世紀の人々が、また新たな古事を見出すはずだ。

本書をまとめるにあたり、閑人堂の首藤閑人氏にはたいへんお世話になった。エスキモーの伝承と写真を組み合わせて本にする構想は、かれこれ一〇年以上も前から温めてきたものの、膨大な資料と混沌たる古事の世界観を前にして、ある時は途方にくれ、苦悶してきたが、氏は目指すべき針路を示してくださった。また、国立民族学博物館の齋藤玲子氏には、ご多忙なところ原稿を読んでいただき、多くの貴重なコメントを賜った。研究者であると同時に、文学的な深い洞察力を持つ氏にこの本の製作の一端を担っていただけたことを、たいへん光栄に感じている。そして、我が師である写真家の水越武先生からの励ましと温かい言葉は、創作という孤独な戦いの場でつねに私の精神的な支えとなってきた。

奇しくも、本書はラスムッセンが第五次チューレ探検を完遂してちょうど百年目に出版されることになった。このめぐり合わせを感慨深く思いながら、ラスムッセンがその壮大な旅の記録を締めくくった言葉を最後に引用したい。

この言葉をどう解釈するか、それは、混迷を極めるこの時代を生きる我々一人一人である。

“Nature is great; but man is greater still”（自然は偉大だ。しかし、人間はさらに偉大だ）

＊1……ニュートック村の人々は、近くを流れるニングリック川の長年の浸食被害の影響で、一四キロほど離れた新しい土地へ移住を始めた。二〇一九年時点では約三分の一の村人が移住を完了し、二〇二三年までにはすべての村人の移住を完了させることを目標としていたが、いまだ困難な状況が続いている。

＊2……一部の話は他の著者による。次頁の出典一覧を参照。これらの話が採集されたアラスカ北極圏内陸部とアラスカ南西部をラスムッセンが直接調査することはなかった。

## 出典一覧


Nelson, Edward William, 1899, THE ESKIMO ABOUT BERING STRAIT. Washington: Government Printing Office.

▶ 創世紀——ワタリガラスの話《カナダ・アラスカ》

Rasmussen, Knud, 1908, THE PEOPLE OF THE POLAR NORTH: A RECORD. London: Kegan Paul, Trench, Trübner.

▶ 序《グリーンランド北西部》

Rasmussen, Knud, 1921, ESKIMO FOLK-TALES. London, Copenhagen, Christiania: Gyldendal.

▶ 言葉を話すウミガラス《グリーンランド》

Rasmussen, Knud, 1921, GREENLAND BY THE POLAR SEA: THE STORY OF THE THULE EXPEDITION FROM MELVILLE BAY TO CAPE MORRIS JESUP. London: William Heinemann.

▶ 魔法の言葉「進め、進め……」《グリーンランド》

Rasmussen, Knud, 1929, INTELLECTUAL CULTURE OF THE IGLULIK ESKIMOS. Copenhagen: Gyldendal.

▶ ナーツク／俺たちは怖れているのだ／トナカイの魂の怒りに触れ大地に飲み込まれた女／イヴァルアージュクの歌／魔法の言葉「大地よ、大地……」「ワタリガラスの……」「洸洋たる……」《カナダ》

Rasmussen, Knud, 1931, THE NETSILIK ESKIMOS: SOCIAL LIFE AND SPIRITUAL CULTURE. Copenhagen: Gyldendal.

▶ ノウサギが世界に光を灯した話／シロクマたちの会話を聞いた女／海獣の母、海の精霊ヌリアユク／魔法の言葉「父もなく……」《カナダ》

Rasmussen, Knud, 1932, INTELLECTUAL CULTURE OF THE COPPER ESKIMOS. Copenhagen: Gyldendal.

▶ ふたつの漫ろ話／孤児と大気の精霊／魔法の言葉「恥を思い……」《カナダ》

Ostermann, Hother, 1952, THE ALASKAN ESKIMOS: AS DESCRIBED IN THE POSTHUMOUS NOTES OF DR. KNUD RASMUSSEN. Copenhagen: Gyldendal.

▶ カアツィルニ《アラスカ》

Bergsland, Knut(ed.), 1987, NUNAMIUT STORIES. The North Slope Borough Commission on Iñupiat History, Language and Culture.

▶ クヌークサユッカ／アヤグマヒャヒャ《アラスカ北極圏内陸部》

## 写真解説（撮影・八木清）

表表紙　創造主の手袋が由来とされるアリゲッチ針峰群。現地語の「手」または「手袋」が語源。
裏表紙　グリーンランドの猟師が海氷上でのセイウチ猟で使う「アグーヤッタリ」と呼ばれる銛。
p.1　クジラ猟で出会ったイヌピアットの少年。テント内の掃除から暖炉番まで多くの仕事をこなす。
p.4-5　アラスカ半島に広がる火山灰の谷。1912年の大噴火により森が灰で焼き尽くされた。
p.9　暗黒の季節に終わりを告げ、薄明に照らされる２月のグリーンランドの氷海。
p.13　鈍く妖しい光を放つ離頭（りとう）銛。真鍮を削り出して作られている。
p.16　シロクマの毛皮を運ぶ猟師。撥水性と保温性が高く防寒着の材料となる。
p.19　クジラの解体前に公平な取り分を示す線を体表に入れる猟師たち。
p.20　クジラのヒゲ越しに見える猟師の姿。
p.22　村まで運ぶために肉を小さく切り分ける女たち。昼夜を問わず作業が続く。
p.23　氷の縁からクジラを待つ。静かな手漕ぎのウミアックが現在も使われている。
p.25　長いあいだ太陽の光に晒されて真っ白になったジャコウウシの頭骨。
p.27　犬橇の鞭を手にした老猟師。鞭の主な目的は雪面を叩き犬に進路を示すことにある。
p.28　アザラシを解体する様子を見つめる子供。命と食べ物の大切さを知る過程だ。
p.33　解氷する極北の海。かつて氷上での猟が困難になる春は「飢餓の季節」とも呼ばれた。
p.36　天日に干されるアザラシの毛皮。衣服や狩猟道具などの材料となる。
p.40　ウミガラスやカモメ、パフィンなどの多くの海鳥が集まる岸壁。
p.42　白夜を迎えたグリーンランド北西部。ヒメウミスズメが飛来して岩場で産卵をする。
p.44-45　けたたましい海鳥の鳴き声がこだまする。生命力に湧き返る極北の短い夏。
p.47　アラスカ北極圏の砂丘に残されたオオカミの足跡。
p.52　グリーンランドの山脈を覆う氷帽。極地の風景は見る者のスケール感を失わせる。
p.56　エスキモーにとって悪天候は死活問題。「シラナーラガ（天候がすべてを制する）」という特異な表現があるのも、もっともだ。
p.57　氷河が後退して現れた岩に定着した地衣類。単調な風景に彩りを与えてくれる。
p.60　雪原にトナカイを追う。厳しい気候に生きる人々に笑顔が絶えることはない。
p.61　極寒の中、トナカイが凍りつく前に小さなナイフ１本で手際よくさばいていく。
p.64　夏のアラスカ北極圏ブルックス山脈。氷河から流れ出る沢はアラトナ川の源流を成す。
p.66　ファインダー越しの地衣類は上空から見るツンドラのよう。まさにフラクタル的な世界だ。
p.67　地を這うようにして咲く高緯度のワスレナグサ。
p.69　村で一番と言われるユピートの猟師。子供の頃は弓矢で動くものは何でも撃っていたという。
p.70　ヌニヴァク島のユピートの家族。男が手にするのはジャコウウシの頭骨。
p.74　ツンドラの花々が散るとワタスゲが現れ、蚊の大群も隆盛を極める。
p.76　伝統衣装を身にまとった女性。地域によって衣服の形やデザインは様々だ。
p.81　海氷上に設営されたテント。氷の変化やシロクマに備えて必ず寝ずの番がいる。
p.85　ヌナミウトの集落近くで見つけたトナカイの頭骨。
p.92　アラスカ北西部コバック川流域の大砂丘。この不思議な風景は氷期の痕跡といわれる。
p.94　アビの被り物をしたバローの老人。アビには人間に不可視な世界を見通す力があるという。
p.96-97　アラスカ北極圏の奥深い渓谷を行くトナカイの群れ。
p.100　９月に入り初冠雪を迎えたアリゲッチ針峰群。まもなく極北に冬が到来する。

八木 清（やぎ・きよし）

1968年、長野県生まれ。1993年にアラスカ州立大学フェアバンクス校ジャーナリズム学部を卒業後、写真家・水越武氏に師事。1994年から極北の先住民族エスキモーやアリュートのポートレート、生活・文化、彼らが暮らす自然風景の撮影を続け、写真展などで発表している。大型カメラのネガによるプラチナプリントで写真集『sila』（2011年、フォト・ギャラリー・インターナショナル）を制作。2004年、日本写真協会新人賞。2005年、準田淵行男賞。

装丁・デザイン・組版　閑人堂

**ツンドラの記憶——エスキモーに伝わる古事《ふること》**

2024年1月31日　初版第1刷発行

著　者　八木 清
発　行　閑人堂
https://kanjindo.com/
e-mail：kanjin@kanjindo.com
印刷・製本　モリモト印刷株式会社

ISBN978-4-910149-05-9